AF294900

ERFOLGREICH ÜBERZEUGEN

Methoden für eine gelungene und überzeugende Argumentation

Verfasst von Christophe Peiffer

Übersetzt von Mareike Lobeck

Für die Arbeitswelt 50MINUTEN.de

ÜBERZEUGUNGSKRAFT

- **Ziel:** mit den richtigen Methoden und Strategien in nur kurzer Zeit einen Kunden, ein Team oder ein Publikum für sich gewinnen
- **Anwendung:** Beeinflussen ohne zu manipulieren ist eine Kunst und bietet in der Arbeitswelt sowie im Privatleben einen unbestreitbaren Vorteil.
- **Arbeitskontext:** Verhandlungen, Projektarbeit, Konfliktmanagement, Arbeitssuche, Kreditanfragen, berufliche Kontakte
- **FAQ:**
  - Was sind die Grundlagen für eine gelungene Argumentation?
  - Wie sollte ich mich verhalten, um nicht als manipulativ wahrgenommen zu werden?
  - Welche Körperhaltung ist beim Argumentieren am besten?
  - Was ist die beste Methode, um jemanden zu überzeugen?
  - Wie viel Zeit brauche ich, um mir mehr Überzeugungskraft anzueignen?

- Was sollte ich vermeiden, wenn ich jemanden überzeugen will?
- Sollte ich aufgeben, wenn ich meinen Gesprächspartner nicht überzeugen konnte?
- Welche Art von Argumenten kann ich verwenden?

EINLEITUNG

Wir versuchen immerzu unsere Mitmenschen zu überzeugen, weswegen es in unserem Alltag zahlreiche Beispiele für Situationen gibt, wo gutes Argumentieren unerlässlich ist: Das reicht vom dynamischen Jung-Manager, der eine Gehaltserhöhung will, über das Elternteil, das sein Kind dazu bringen möchte, sein Zimmer aufzuräumen, bis hin zum Berufseinsteiger, der nach seinem Studium in einem bestimmten Unternehmen angestellt werden will. Das gezielte und gleichzeitig moralische Einsetzen seiner Überzeugungskraft kann sich daher sowohl im Beruf als auch privat als äußerst vorteilhaft erweisen.

Während jedoch manche quasi von Natur aus überzeugend sind – und sogar in der Arktis einen

Kühlschrank verkaufen könnten – scheint es anderen gar unmöglich, in einer Bar mitten in der Wüste ein Glas Wasser loszuwerden. Wenn Sie jedoch einigen Grundregeln folgen, die Ihnen beim Argumentieren helfen, können Sie verteidigen, was Ihnen wirklich am Herzen liegt. Eine geschickte Verbindung von Know-how und Höflichkeit verleiht Ihnen einen beachtlichen Vorteil in jeder Situation, in der Sie eine Person, ein Team oder ein Publikum von Ihren Ideen überzeugen möchten.

In 50 Minuten erlernen Sie mit diesem Buch praktische Methoden, die Ihnen helfen, wortgewandt und flüssig zu sprechen, um so ganz unabhängig von der Situation an Überzeugungskraft zu gewinnen. Machen Sie sich bereit, Ihren inneren Steve Jobs (Gründer von Apple und amerikanischer Redner, 1955-2011) zu wecken!

ÜBERZEUGEND ARGUMENTIEREN: DIE GRUNDLAGEN

WICHTIGE BEGRIFFE

Überreden vs. manipulieren

Der Grat zwischen überzeugender Argumentation und Manipulation ist gefährlich schmal. Wenn Ihnen das bereits bewusst ist, zeigt das, dass Sie sich über die moralischen Aspekte des Argumentierens Gedanken machen: Wo hört das Argumentieren auf und wo beginnt Manipulation? Kann es vorkommen, dass man in die Manipulation abgleitet, und wenn ja, wie kann man das vermeiden? Auch die Definition der beiden Begriffe erleichtert die Unterscheidung nicht:

- **überreden**: eine andere Person dazu bringen, seine Meinung anzunehmen, indem man ihre Gefühle ausnutzt

- **manipulieren**: jemanden mit List in eine bestimmte Richtung führen, ihn nach eigenem Belieben beeinflussen

Dabei spielt jedoch das verfolgte Ziel eine entscheidende Rolle. Manipulieren zielt darauf ab, die Person zu lenken, ohne dass diese es bemerkt und ohne selbst einen Nutzen daraus zu ziehen. Im Gegensatz dazu gehört zu einer überzeugenden Argumentation auch potenziell immer eine Gegenargumentation. Es geht also um einen Austausch von Argumenten, wobei alle Beteiligten beim geschickten Einsatz ihrer

Karten die Möglichkeit haben, ihr Gegenüber von der Stichhaltigkeit der eigenen Meinung überzeugen zu können.

Die Methoden für diese beiden Kommunikationsarten sind sich sehr ähnlich, quasi identisch, da sie dieselben Techniken enthalten. Wichtig ist also, wie Sie sie einsetzen. Zur Veranschaulichung nehmen wir ein Messer als Beispiel: Wenn Sie dieses äußerst scharfe Werkzeug einem Sternekoch in die Hand geben, wird er ein köstliches Mahl bereiten. Geben Sie es jedoch einem Psychopathen, sollten Sie darauf gefasst sein, sich schnell vor ihm in Sicherheit bringen zu müssen. Der Unterschied ist hier der Einsatz des Messers bzw. das Ziel der Person.

Logos, Pathos und Ethos

> Von den durch die Rede geschaffenen Überzeugungsmitteln gibt es drei Arten: Sie sind zum einen im Charakter des Redners angelegt, zum anderen in der Absicht den Zuhörer in eine bestimmte Gefühlslage zu versetzen, zuletzt in der Rede selbst, indem man etwas nachweist oder zumindest den Anschein erweckt, etwas nachzuweisen. (Aristoteles: *Rhetorik*, 2. Kapitel)

Wenn man von überzeugenden Argumentationen spricht, kann man unmöglich über die drei Grundpfeiler der Überzeugung hinweggehen. Diese setzen sich aus Logos, Pathos und Ethos zusammen und bilden auch heute noch die Basis für gelungene Rhetorik. Jedoch ist das Konzept nicht neu, sondern stammt aus der Antike, wo es von bekannten Rednern wie Platon (griechischer Philosoph, gegen 428-348 v. Chr.), Demosthenes (griechischer Staatsmann, 384-322 v. Chr.), Aristoteles (griechischer Philosoph, 384-322 v. Chr.) und Cicero (römischer Staatsmann, 107-43 v. Chr.) entwickelt wurde.

- **Logos** betrifft die Argumentation selbst, also den Inhalt der Rede, wobei der Intellekt angesprochen wird. Der Logos beinhaltet den Gedankengang und die Schlussfolgerung des Redners, der sich auf konkrete Fakten, Statistiken, Zahlen etc. bezieht.

Jahresergebnis um 20 % steigern konnte, was einen Gewinn für das Unternehmen von 8 % ausmacht. Von Ihrem Teilhaber habe ich erfahren, dass Frau Schmidt zeitnah in eine der Partnergesellschaften ins Ausland wechseln wird. Nach fünf Jahren der Zusammenarbeit ist es für mich nun an der Zeit, größere Verantwortung zu übernehmen.

- **Pathos** bezieht sich auf die Zuhörer und auf den Teil der Argumentation, der beim Gesprächspartner Emotionen weckt. Die verwendeten Wörter, Wendungen und Anekdoten haben zum Ziel, primäre oder sekundäre Gefühle auszulösen: Angst, Freude, Wut, Trauer, Ekel, Überraschung, Interesse, Hoffnung, Mitleid, Faszination etc. In den Medien wird heute bei den ausgestrahlten Programmen größtenteils auf eine Überbetonung des Pathos gesetzt: Es wird (fast) alles darangesetzt, dass die Botschaften direkt die Emotionen der Zuschauer ansprechen, ohne dabei an deren reflektierende Analysefähigkeiten (Logos) zu appellieren.

- **Ethos** bezieht sich auf den Redner und soll für einen positiven Eindruck beim Gesprächspartner oder dem Publikum sorgen. Das betrifft sowohl seinen Ruf als auch sein Aussehen, seine Ausstrahlung, seine Karriere oder auch seine Veröffentlichungen. Das Ethos ist der Grundpfeiler, der am meisten Zeit zur Entwicklung benötigt. Neben ausreichend Zeit benötigt man auch Ausdauer und eine gewisse Moral, um sich einen Ruf aufzubauen. Wenn Sie noch nicht nachweisen können, dass Sie ein Experte auf einem gewissen Gebiet sind, dann sollten Sie Ihr Auftreten und Ihre Ausstrahlung einsetzen, um das Vertrauen Ihrer Zuhörer zu gewinnen.

TIPP

Denken Sie an ein beliebiges Gebiet, das Sie interessiert (ein Zweck, ein Produkt, eine Dienstleistung Ihres Unternehmens, ein Sport etc.). Welche Person vertritt dieses Gebiet Ihrer Meinung nach am besten? Stellen Sie ein paar Menschen aus Ihrem Umfeld, die sich für dasselbe interessieren, ebenfalls diese Frage. Wenn sie dieselbe Person nennen, dann ist die Wahrscheinlichkeit hoch, dass diese das Ethos besitzt, von dem hier die Rede ist.

Um mit einer Argumentation Erfolg zu haben, sollten Sie die drei folgenden Ratschläge befolgen:

- Bauen Sie sich einen gewissen Ruf (Ansehen und Respekt) in dem Bereich auf, der Ihnen am Herzen liegt.
- Lernen Sie, wie Sie bei Ihren Zuhörern gewisse Emotionen wecken.
- Argumentieren Sie dabei strukturiert und schlüssig.

VORBEREITUNG

Strukturierung der Argumentation

Glauben Sie, dass große Redner auf der Bühne nichts weiter als Wortgewandtheit brauchen, um die Menge mitzureißen? Glauben Sie, dass die Gäste einer Talkshow lediglich auf ihr Wissen und ihre Erfahrung zurückgreifen? Nichts dergleichen ist der Fall. Ganz im Gegenteil sollten Sie Ihre Argumentation stets vorbereiten, wenn Sie überzeugen wollen, um ...

- Ihren Worten eine Struktur und einen roten Faden zu geben.

- wichtige Punkte hervorzuheben.
- zum Punkt zu kommen und Überflüssiges auszulassen.
- für Ihr Publikum ansprechende Formulierungen zu finden.
- eine genaue Vorstellung von dem zu haben, was Sie sagen werden, und so mehr Energie dafür zu haben, Ihr Lampenfieber zu lindern und auf Unvorhergesehenes zu reagieren.
- Ihnen Selbstbewusstsein zu geben.

Eine überzeugende Argumentation kann nicht improvisiert werden. Halten Sie sich an die folgenden Schritte, um sie sinnvoll vorzubereiten:

- Stellen Sie fest, was die Person oder die Gruppe, die Sie überzeugen wollen, braucht.
- Finden Sie für dieses Bedürfnis eine geeignete Lösung.
- Erklären Sie die potenziellen Vorteile, die sich daraus für Ihren Gesprächspartner ergeben.
- Bestimmen Sie mögliche Einwände und entkräften Sie sie.
- Stellen Sie fest, worin Ihre Stärken und Schwächen bestehen.

Kairos, der richtige Zeitpunkt

Die Griechen des Altertums nannten den günstigen Augenblick „Kairos". Der französische Philosoph Pierre Aubenque (geboren 1929) bezeichnet ihn als „das Gute der Zeit nach, oder vielmehr die Zeit, sofern wir sie als gut betrachten" (*Der Begriff der Klugheit bei Aristoteles*, 2007, S. 101).

Wenn Sie Ihren Gesprächspartner überzeugen möchten, steigern Sie Ihre Erfolgschancen, indem Sie den richtigen Moment abpassen. Wie bei einem Surfer, der die Welle abpasst, wird es auch für Sie einen großen Unterschied machen, ob Sie einen günstigen Augenblick zu erkennen wissen. Wie gehen Sie also am besten vor?

Angenommen, ein Kairos existiert, dann gibt es ebenfalls einen ungeeigneten Zeitpunkt. Mit anderen Worten würden Sie in diesem Fall entweder zu früh oder zu spät handeln. Experten für den unpassenden Augenblick befinden sich also auf beiden Seiten des perfekten Zeitpunkts zum Handeln.

- **Vor dem Kairos**: Hier findet man die Gefühlsgesteuerten, die sich in ihrer Begeisterung nicht zurückhalten können. Aufgrund ihrer vorschnellen Handlung versuchen sie ihre Gesprächspartner schnell zu überzeugen – allerdings ohne Erfolg.
- **Nach dem Kairos**: Die Unentschlossenen werden meist durch ihr Zögern und ihr mangelndes Selbstvertrauen am Erfolg gehindert. An ihnen zieht die Möglichkeit, die sich ihnen gezeigt hatte, vorüber.

Um Ihr Gefühl für den passenden Augenblick zu verbessern und damit Ihre Chancen zu erhöhen, im rechten Moment zu handeln und so Ihren

Gesprächspartner zu überzeugen, können Sie die folgenden Methoden anwenden:

- Beherrschen Sie Ihre Gefühle und üben Sie sich in Geduld.
- Glauben Sie an sich, damit Sie eine Gelegenheit ohne zu zögern ergreifen.

DEN BODEN EBNEN

Jetzt kommt ein entscheidender Schritt: Sobald Sie Ihre Vorbereitung abgeschlossen haben, sollten Sie in der Lage sein, eine angenehme Gesprächsatmosphäre zu schaffen, damit Ihr Gesprächspartner bereit ist, Ihrer Argumentation zuzuhören. Im Folgenden werden einige Methoden betrachtet, die dabei helfen, den Boden für gute Beziehungen zu ebnen.

Sich sammeln nach dem COACH-Prinzip

Sich zu sammeln ist ein wichtiger Schritt zum Erfolg, wird von den meisten Menschen jedoch vernachlässigt, wenn sie sich darauf vorbereiten, jemanden zu überzeugen. Es handelt sich dabei um mehr als einen kurzen Moment der Konzentration, vielmehr ermöglicht es Ihnen, 100 % zu geben und auf das zu fokussieren, was die Beziehung zwischen Ihrem Gesprächspartner und Ihnen ausmacht. Somit zeigen Sie sich von Ihrer besten Seite und beweisen Ihre Exzellenz. Mit dem folgenden Akronym[1] können Sie Ihren inneren Fokus stärken:

- **C**: Die Situation, Ihr Gesprächspartner, Ihre Sinne, Ihre Atmung und der jetzige Moment stehen im **Zentrum** Ihrer Aufmerksamkeit.
- **O**: Sie sind **offen** für die unendlichen Möglichkeiten, die sich Ihnen bieten, für die Argumente Ihres Gesprächspartners und die Lösungen, die sich daraus ergeben.
- **A**: Sie schenken Ihrem Gesprächspartner bedingungslos und nicht nur oberflächlich Ihre ungeteilte **Aufmerksamkeit**.
- **C**: Sie sind mit Ihrem Gesprächspartner, Ihnen selbst, Ihrer Beziehung und allen Elementen Ihrer Umgebung verbunden und schaffen einen **Zusammenhang**.
- **H**: Sie schaffen einen sicheren Ort des Vertrauens und sind bereit Unerwartetem zu begegnen. Sie sind **aufnahmebereit**.

---

1. Dieses setzt sich aus den Anfangsbuchstaben der französischen Wörter „centré" (fokussiert), „ouvert" (offen), „accompagnant en conscience" (bewusst begleitend), „connecté" (verbunden) und „hospitalier" (aufnahmebereit) zusammen.

Sich anpassen

Die Fähigkeit, sich an verschiedene Kommunikationsarten anzupassen und sein eigenes Verhalten entsprechend zu synchronisieren ermöglicht es, die Wahrnehmung des Gesprächspartners anhand seiner Gesten, Worte und des Tons seiner Stimme zu verstehen. So bauen Sie unbewusst eine auf Vertrauen basierende Beziehung auf: „Ich bin wie du: Ich bewege mich und spreche wie du und ich fühle die gleichen Dinge wie du. Ich bin dein Verbündeter, du hast nichts zu befürchten, ich versuche nur, dich zu verstehen." Denken Sie an das Pathos: Die Emotionen Ihres Gesprächspartners positiv zu beeinflussen schafft Ihnen einen Vorteil bei Ihrer Argumentation. Wenn er sich mit Ihnen identifiziert, wird es Ihnen leichter fallen, ihn mit Ihren Worten zu überzeugen.

ZUSATZINFORMATION

Synchronisieren heißt nicht, alles nachzumachen. Vielmehr sollten Sie ein natürliches Verhalten annehmen, das Sie gegebenenfalls verstärken oder anpassen (wobei Sie jedoch respektvoll bleiben), um eine positive Nachricht zu übermitteln (eine unbewusste Botschaft, die Ihr Wohlwollen ausdrückt).

Es bestehen vier Arten der Synchronisation:

* Bei der **nonverbalen Synchronisation** werden die Gesten, Haltung, Mikroexpressionen, Mimik und Atmung (diese stellt die ideale Synchronisation dar, ist jedoch auch die am schwierigsten zu erreichende) des Gesprächspartners übernommen.
* **Paraverbale Synchronisation** bezieht sich auf die Stimme, das heißt die Intonation, den Sprechrhythmus, das Timbre, den Redefluss und die Lautstärke.
* **Verbale Synchronisation** bezeichnet die Anpassung der Struktur seiner Äußerungen: Mit anderen Worten verwendet man das gleiche Vokabular und einen ähnlichen Satzbau.
* Bei der **Synchronisation der inneren Verfassung** werden die Emotionen des Gesprächspartners, seine Empfindungen, Erlebnisse und Interpretation der Situation übernommen. Die implizite Botschaft ist auch hier: „Ich verstehe dich, ich bin wie du." Seien

Sie also überschwänglich, wenn sie mit jemandem sprechen, der mit Leidenschaft bei der Sache ist. Seien Sie förmlicher, wenn Sie mit einer zurückhaltenden Person sprechen.

Grundvoraussetzung für die Synchronisation ist dabei natürlich, seinem Gesprächspartner aufmerksam zuzuhören.

Erst zuhören, dann argumentieren

Das Geheimnis von überzeugenden Personen ist ganz einfach: Sie hören Ihrem Gegenüber zu. Wenn Sie sich eines merken sollten, dann ist es diese Regel. Zuhören heißt hier nicht, nur mit einem Ohr hinzuhören und dabei ans Squash-Spielen später oder die letzte Feier zu denken, sondern voll und ganz bei der Sache zu sein. Befolgen Sie die sechs folgenden Regeln für aktives Zuhören:

- **Zeigen Sie sich interessiert an dem, was Ihr Gesprächspartner zu sagen hat**. Er versorgt Sie mit vielen Informationen, die Ihnen helfen, wenn Sie während Ihrer Argumentation auf Unvorhergesehenes stoßen.

- **Stellen Sie ihm Fragen** zu seinen Interessen, seinen Bedürfnissen und was ihn momentan beschäftigt.
- **Wiederholen Sie in Ihren eigenen Worten, was er gesagt hat**, um ihm zu zeigen, dass Sie ihm folgen oder aber nicht sicher sind, ihn richtig verstanden zu haben. Bitten Sie ihn in diesem Fall um eine Erklärung. Er wird sich Ihnen dann ausführlicher mitteilen.
- **Zeigen Sie Ihre Zustimmung**, indem Sie mit dem Kopf nicken und entsprechende Äußerungen machen („Das verstehe ich.", „Das kann ich mir vorstellen."). So zeigen Sie, dass Sie zuhören und mit Ihrem Gesprächspartner einer Meinung sind.
- **Lassen Sie ihren Gesprächspartner immer aussprechen** und warten Sie ab, bis Ihnen der Ball zugespielt wird, um das Wort zu ergreifen. Denn es gibt nichts Schlimmeres für jemanden, der seine Gedanken in Worte fasst, als unterbrochen zu werden.
- **Merken Sie sich, welche Aspekte Ihrem Gesprächspartner wichtig waren**. Sie können Sich auf sie beziehen, wenn Sie mit Ihrer Argumentation an der Reihe sind.

Die Macht des Lächelns

Ein Lächeln kann die Wahrnehmung Ihres Gesprächspartners von Ihnen radikal ändern und Ihre Beziehung enorm verbessern. Das liegt daran, dass es Ihrem Gegenüber ein unbewusstes Signal sendet, das so viel bedeutet wie: „Ich möchte dir nichts Böses, du hast nichts vor mir zu befürchten."

Diese Art der nonverbalen Kommunikation spricht direkt unsere Instinkte und unser Unterbewusstsein an. Wenn jemand in einer stressigen Situation eine lächelnde Person trifft, kann dies sein Stresslevel beträchtlich senken. Ein einfaches Lächeln während einer Argumentation wird Ihren Gesprächspartner also beruhigen. Außerdem nehmen Sie dadurch eine aktive Haltung ein, was sich positiv auf die Entwicklung Ihrer Beziehung auswirken kann.

Im Fall des Verkäuferlächelns wirkt sich das Lächeln allerdings nicht positiv aus, sondern kann sogar einen gegenteiligen Effekt haben. Dieses professionelle, aufgesetzte Lächeln scheint bei allen Verkäufern identisch zu sein und kann abschreckend oder unangenehm wirken. Während ein echtes Lächeln in der Regel kleine Fältchen

um die Augen hervorbringt, wird im entgegenge-
setzten Fall nur die Wangenmuskulatur bewegt,
was beim Gesprächspartner sofort zu Misstrauen
führt. Lächeln Sie also – aber von Herzen.

Beweisen Sie Einfühlungsvermögen

Empathie und Einfühlungsvermögen beziehen
sich auf die Fähigkeit, sich in die Situation seines
Gegenübers zu versetzen. Dieses Konzept wird
in verschiedenen Wissenschaftsbereichen unter-
sucht, darunter in der Philosophie, der Psychologie
und den Neurowissenschaften.

Dem französischen Neurobiologen Jean Decety
(geboren 1960) zufolge kann man von Empathie
sprechen, wenn man emotional auf die Emotion
des Gesprächspartners reagiert. Wenn wir jedoch
unser Gegenüber überzeugen möchten, müssen
wir in der Lage sein, unsere Emotionen zu kontrol-
lieren, um eine angemessene Haltung zu wahren
und die Situation im Griff zu behalten.

Authentisch sein

Authentisch bzw. echt sein bedeutet, seine
Worte, Empfindungen und Handlungen an seine

Werte und persönliche Überzeugung anzupassen. Man spricht dabei auch von Kongruenz, einem Begriff, der vom amerikanischen Psychologen und Therapeuten Carl Ransom Rogers (1902-1987) eingeführt wurde. Dieser erklärt ihn am Beispiel von Personen, in die wir sofort Vertrauen fassen, weil sie sich genauso geben, wie sie sind und sich nicht hinter einer höflichen oder professionellen Maske verbergen.

Bei einer überzeugenden Argumentation bedeutet Kongruenz bzw. echt sein, seine Worte auch zu leben und bereit zu sein, sich hinter seine Maske schauen zu lassen bzw. erst gar keine aufzusetzen. Wenn Ihr Gesprächspartner Sie für ehrlich und authentisch hält, wird er Ihnen vertrauen und eher gewillt sein, Ihre Meinung anzunehmen.

Allerdings ist Kongruenz leichter beschrieben als umgesetzt. Wir können unsere sozialen Masken und Konventionen nicht einfach ablegen, was Authentizität erschwert. Sich von ihnen zu lösen erfordert vielmehr Zeit und Energie. Die folgenden Ratschläge werden Ihnen allerdings helfen, einen Schritt in die richtige Richtung zu machen:

- **Seien Sie selbst von der Stichhaltigkeit Ihrer Argumente überzeugt**. Das scheint sich von selbst zu verstehen, doch Ihr Gesprächspartner wird auch den kleinsten Zweifel an einem Ihrer Argumente bemerken und sich darauf stürzen. Wenn dies passiert, haben Sie direkt verloren. Bevor Sie anfangen, sollten Sie daher versuchen, die Schwächen Ihrer Argumente zu erkennen. Sie haben dann zwei Möglichkeiten: Entweder verwerfen Sie sie und laufen so nicht Gefahr, dass Ihnen widersprochen wird. Oder Sie heben sie hervor, indem Sie mögliche Gegenargumente vorbereiten.
- **Achten Sie auf Ihre nonverbale Kommunikation**. Wenn Sie beispielsweise einen Arbeitgeber davon überzeugen möchten, Sie einzustellen, indem Sie Ihren Elan und Ihre gute Laune betonen, sollten Sie nicht zusammengesunken auf Ihrem Stuhl sitzen und ein Gesicht wie hundert Tage Regenwetter machen. Halten Sie sich stattdessen aufrecht, machen Sie ausladende Gesten, lächeln Sie (vgl. <u>Die Macht des Lächelns</u>) und beweisen Sie, dass Sie in allen Lagen optimistisch bleiben.
- **Setzen Sie auf Transparenz**, denn diese geht mit Kongruenz Hand in Hand. So zeigen Sie,

dass Sie bei Ihrer Argumentation in erster Linie auf Ehrlichkeit bauen. Dank der grenzenlosen Informationen, die das Internet bietet, wird es heutzutage immer schwieriger, sein Publikum zu täuschen. Unehrlichkeit kann Ihnen daher eine äußerst schmerzhafte Retourkutsche einbringen und Ihnen zudem Ihre Glaubwürdigkeit kosten. Anstatt einem Kunden also Glauben zu machen, dass Ihr Produkt eine Revolution für sein Leben und sein Portemonnaie darstellt, sollten Sie ihm sachlich die Vor- und Nachteile beschreiben. Fragen Sie den Kunden dann nach seinem Eindruck: So erhalten Sie alle Informationen, die Sie für die Ausrichtung Ihrer Argumentation benötigen.

DURCHSTARTEN

Mit den genannten Ratschlägen haben Sie an Ihrem Ethos gearbeitet, eine besondere Verbindung zwischen sich und Ihrem Gesprächspartner hergestellt und eine Vertrauensbasis geschaffen. Außerdem haben Sie Ihre Argumentation legitimiert. Nun ist es an der Zeit mit dem Argumentieren zu beginnen und Ihre Sicht der Dinge darzulegen.

Bedürfnisse ausdrücken

Eine Person zu überzeugen bedeutet, sie dazu zu bringen, Ihre Sicht einer Situation, eines Projekts oder einer Idee anzunehmen, mit anderen Worten die Person für sich zu gewinnen. Früher oder später müssen Sie dazu den Smalltalk beenden und Ihr Anliegen formulieren. Vielleicht fragen Sie sich, warum dieser logische Schritt erst zu diesem Zeitpunkt in der Argumentation erfolgt und ob es nicht sinnvoller wäre, direkt zu sagen, was man will. Das wäre allerdings, als würde man einen 100-Meter-Sprint hinlegen, ohne sich vorher aufgewärmt zu haben: Das Risiko einer Verletzung ist um einiges höher. Genauso wird Ihr Anliegen eine größere Auswirkung haben, wenn Sie zuvor die richtigen Ausgangsvoraussetzungen für Ihren Gesprächspartner geschaffen haben.

Stellen Sie nun Ihre Sichtweise klar und strukturiert dar und setzen Sie dabei für mehr Wirksamkeit sowohl auf Logos als auch auf Pathos.

Vier einfache Schritte

Schritt	Beispiel
1. Nennen Sie konkrete und messbare Tatsachen, die Sie während der Vorbereitung gesammelt haben.	Mit unserer letzten Werbekampagne für dieses Event haben wir unser Ziel nicht erreicht. Das bedeutete einen Einschnitt in unser vorgesehenes Budget von 10 %.
2. Drücken Sie aus, was Sie in dieser Situation empfinden.	Als Budgetverantwortlicher frustriert mich dieses Ergebnis und ich fühle mich meinen Kollegen gegenüber schlecht.
3. Nennen Sie Ihr Anliegen.	Für mich ist es notwendig, dass der Kommunikationsprozess für zukünftige Events geändert wird.
4. Formulieren Sie eine eindeutige, präzise Forderung, die schnell zu erfüllen ist.	Ich möchte deswegen eine Arbeitsgruppe von drei bis fünf Mitarbeitern gründen, um einen neuen Prozess zu formulieren. Eine erste Besprechung könnte nächsten Montag im Konferenzraum stattfinden.

Flexibel aber standfest

Es ist allgemein bekannt, dass seinen Gesprächspartner zu überzeugen kein Kinderspiel ist. Sie können bestens vorbereitet sein, die flüssigste und stichhaltigste Argumentation aller Zeiten vorbringen, einen Vortrag halten, bei dem selbst große Redner vor Neid erblassen würden – Ihre Zuhörer werden dennoch Einwände haben – ob begründet oder nicht – und Ihren Vortrag in Frage stellen, indem sie auf (in ihren Augen) unschlüssige Aspekte hinweisen. Es wird Ihnen zugutekommen, wenn Sie in solchen Situationen angemessen und mit Taktgefühl reagieren.

Ein wichtiges Merkmal von Überzeugungskraft ist emotionale und situationsbezogene Flexibilität. Sich nicht anpassen zu können, schränkt im Gegensatz dazu die Überzeugungskraft Ihrer Argumentation ein. Wenn Sie sich jedoch auf die bereits beschriebenen Fähigkeiten stützen, wird es Ihnen gelingen, sich an verschiedene Situationen und Personen anzupassen:

- Seien Sie offen für das, was Ihr Gesprächspartner denkt und empfindet.
- Urteilen Sie nicht.
- Hören Sie empathisch zu.

Zu diesen essentiellen Fähigkeiten gehört noch eine weitere: das Nachgeben. Das mag zunächst paradox erscheinen, weil Sie doch Ihren Gesprächspartner von Ihrer Sache überzeugen wollen. Nachzugeben heißt jedoch nicht zwangsläufig aufzugeben oder zu kapitulieren. Im Gegenteil besteht das Geheimnis darin, zu wissen, wann man nachgeben sollte. Bei der Vorbereitung Ihres Vortrags haben Sie mögliche

Streitpunkte festgestellt und den Spielraum ausgelotet, den Sie bei sensiblen Punkten haben.

Wenn Sie beispielsweise eine neue Kommunikationsstrategie in Ihrem Unternehmen einführen möchten, argumentieren Sie mit deren Merkmalen. Es kann allerdings sein, dass Ihren Kollegen aus diesem oder jenem Grund einige Modalitäten, Prozesse und Tätigkeiten nicht gefallen. Nachzugeben bedeutet in diesem Fall ihnen freie Hand zu lassen, um Lösungen für ihre Einwände zu finden, und gleichzeitig die Kontrolle über ihr Hauptziel, sprich die neue Kommunikationsstrategie, zu behalten.

Klassischerweise wird bei diesen Situationen ein Vergleich zum Kampfsport gezogen, wo die Energie des Gegners zunächst aufgenommen wird, um sie dann zum eigenen Vorteil in eine entscheidende Bewegung umzuwandeln. Bei einer Argumentation liegt die Energie Ihres Gegners in den Einwänden, die er bei Ihrem Vortrag vorbringen kann.

Sich flexibel zu zeigen und Ihrem Gesprächspartner Zugeständnisse bezüglich weniger wichtigen Punkte zu machen wird Ihr Ethos stärken und

Sie näher ans Ziel bringen. Die Reaktion auf Einwände und die wichtigsten Kommentare Ihres Gesprächspartners stellen beim Überzeugen einen unumgänglichen Schritt dar. Dabei können Ihnen die folgenden Ratschläge helfen:

- Legen Sie im Vorhinein fest, wie ausführlich Sie antworten, in welchem Ton, mit wie vielen Gegenargumenten und welche Antworten Sie geben. So stecken Sie sich einen Rahmen, in dem Sie sich sicher fühlen werden.
- Konzentrieren Sie sich auf Ihren Gesprächspartner.
- Nehmen Sie sein Gegenargument wertfrei und bedingungslos auf.
- Geben Sie sein Argument in eigenen Worten wieder, um zu zeigen, dass Sie ihn verstanden haben, ihm zuhören und sein Argument anerkennen, auch wenn es nicht mit Ihrem Standpunkt übereinstimmt.

Nicht nur Ihr Gesprächspartner wird sich so wertgeschätzt fühlen, weil Sie seine Meinung berücksichtigen, auch Ihnen nutzt es, weil Sie Ihre Argumentation so weiter stützen können, um Ihr eigentliches Ziel zu verfolgen, sprich um Ihren Gesprächspartner zu überzeugen.

Formvollendet abschließen

Nun sind Sie am Ende Ihrer Argumentation angekommen: Sie sind auf alle Einwände eingegangen und Ihr Gesprächspartner ist von Ihrem Vortrag überzeugt. Sie haben es geschafft und ihn davon überzeugen können, Sie in Ihrem Projekt zu unterstützen, Ihr Produkt bzw. Ihre Dienstleistung zu kaufen, Sie einzustellen oder Sie zu befördern.

In diesem Stadium wäre es ein fataler Fehler, „Danke und auf Wiedersehen" zu sagen. Sie sollten nicht vergessen, dass Ihr Gesprächspartner, nachdem er von Ihnen überzeugt wurde, sich innerlich angespannt fühlen kann (in der Regel unterbewusst), da er (selbst wenn Sie ihn nun überzeugt haben) zuvor im besten Fall keine Meinung zu Ihrem Anliegen hatte, im schlimmsten aber gegenteiliger Meinung war. Dass er sich nun Ihrer Sichtweise angeschlossen hat, kann ihn mit einem unbestimmten Gefühl der Frustration, Schuld oder Bitterkeit zurücklassen. Ihre Rolle besteht darin, diesem Empfinden entgegenzukommen.

Die beste Taktik ist, sich zurückzuhalten und den Sieg bescheiden aufzunehmen. Zeigen Sie Ihrem

Gesprächspartner, dass er für das Ergebnis eine entscheidende Rolle gespielt hat. Geben Sie ihm das Gefühl, dass Sie ohne seine stichhaltigen Einwände nicht auf so gute Ideen gekommen wären. Ein solches Verhalten ermöglicht ihm, wieder Herr über die Situation zu werden, nachdem er kurzzeitig die Kontrolle verloren hat, indem er sich Ihrer Meinung anschloss. So stellen Sie wieder ein gewisses Gleichgewicht in Ihrer Beziehung her. Sie haben nicht nur bekommen, was Sie wollten, eventuell kann Ihnen Ihr Gesprächspartner nun sogar helfen, weitere Menschen zu überzeugen.

ES IST NOCH KEIN MEISTER VOM HIMMEL GEFALLEN

Fangen Sie klein an: Der Erfolg liegt in der Regelmäßigkeit Ihrer Überzeugungsversuche, also üben Sie so viel Sie können. Nach und nach wird sich Ihre Technik verbessern, Ihre Haltung passt sich an, Ihr Selbstbewusstsein wächst und bald werden Sie ganz in Ihrem Element sein, wenn Sie jemanden überzeugen müssen.

TOP TIPPS

- Notieren Sie Ihre Argumentation, indem Sie auf einer Seite Ihre Argumente und daneben die möglichen Einwände Ihrer Gesprächspartner auflisten. So werden Sie beim Vortragen schneller passende Antworten finden.
- Geben Sie sich besonders Mühe mit Ihrem Auftreten. Die ersten 30 Sekunden sind für den Aufbau einer Vertrauensatmosphäre essentiell, denn der erste Eindruck bestimmt über Ihren Sympathiefaktor und wird den Verlauf Ihrer Argumentation beeinflussen.
- Konzentrieren Sie sich auf die Gegenwart, indem Sie sich Ihrer fünf Sinne bewusst werden und sich Ihrer Umgebung öffnen. Verwenden Sie dazu dieselbe Vorgehensweise wie um mit sich selbst eins zu werden. So erreichen Sie den COACH-Zustand.
- Nach der Einleitung Ihrer Argumentation sollten Sie Ihrem Gesprächspartner eine offene Frage stellen, um ihn zu Wort kommen zu lassen und ihm zu zeigen, dass Sie ihm zuhören. Dadurch können Sie Ihr Verhalten ebenfalls mit seinem synchronisieren.

- Bleiben Sie auch gegenüber Nervensägen gelassen. In der Regel suchen diese nach Wertschätzung und Dankbarkeit. Kommen Sie ihnen daher entgegen, wobei Sie aber weiterhin sich selbst und Ihre Grenzen berücksichtigen. Eventuell werden diese Personen später zu Ihren treusten Partnern.

- Behalten Sie bis zum Ende die Kontrolle über das Gespräch, auch wenn Sie Ihrem Gesprächspartner das Gefühl geben, dass er die Zügel in der Hand hält. Sie leiten das große Ganze und lassen ihn über den Inhalt sprechen. Geben Sie Beispiele, denn so kann sich Ihr Gesprächspartner Ihr Gesagtes besser vorstellen und ihm leichter zustimmen. Beispielsweise kann er sich in die Situationen hineinversetzen, die Sie beschreiben, und so mental selbst erleben.

- Vermeiden Sie, Ihren Gesprächspartner zu verführen oder einzuschüchtern. In beiden Fällen wird er sich nicht wohl fühlen und sein Instinkt wird ihm raten, misstrauisch zu sein.

- Seien Sie deutlich und bleiben Sie bei Ihrer Hauptbotschaft. Verwenden Sie einfache Wörter und vermeiden Sie Fachjargon. Nichts ist unangenehmer als einer Person zuzuhören,

die Ihnen von den Vorteilen eines ultra-perfor-
manten Computers vorschwärmt und dabei in jedem Satz technisches Fachvokabular verwendet, obwohl Sie noch glauben, dass ein USB-Stick ein amerikanischer Brotsnack ist.

- Haben Sie Spaß. All diese Tipps funktionieren nur dann, wenn Sie Spaß daran haben, sie umzusetzen. Wenn Sie in keiner positiven Gemütsverfassung sind, sollten Sie Ihre Argumentation lieber verschieben, weil Ihr Gesprächspartner Ihre Stimmung spüren wird.

FAQ

WAS SIND DIE GRUNDLAGEN FÜR EINE GELUNGENE ARGUMENTATION?

Eine gelungene Argumentation beruht auf einem subtilen Gleichgewicht zwischen Logos, Pathos und Ethos. Ihr Vortrag sollte Fakten, Zahlen und konkrete Angaben mit Momenten verbinden, in denen Sie die Gefühle Ihrer Zuhörer ansprechen. Sie können sie amüsieren, provozieren, bewegen, überraschen, beunruhigen – um sie anschließend zu beruhigen – und ihren Horizont erweitern. Arbeiten Sie dazu nicht nur an Ihren Redefertigkeiten, sondern auch an Ihrer Körpersprache.

WIE SOLLTE ICH MICH VERHALTEN, UM NICHT ALS MANIPULATIV WAHRGENOMMEN ZU WERDEN?

Seien Sie transparent und authentisch. Ihr Gesprächspartner sollte von dem Moment an, wo Sie mit ihm in Kontakt treten, bis zu dem, wo Sie aus seinem Sichtfeld verschwinden, Vertrauen in Sie fassen können. Bleiben Sie während dieser ganzen Zeit Sie selbst. Spielen Sie also keine Rolle und entledigen Sie sich der sozialen Masken. Drücken Sie Ihre eigenen Gefühle aus, um Empathie bei Ihrem Gesprächspartner hervorzurufen. Manipulative Persönlichkeiten überhäufen Ihr Opfer in der Regel mit Informationen und stellen sich narzisstisch selbst zur Schau. Sie sind nicht in der Lage zuzuhören, weil sie kein Einfühlungsvermögen besitzen. Wenn Sie also nicht manipulativ wirken möchten, sollten Sie den Worten und Gefühlen Ihres Gesprächspartners Beachtung schenken, bevor Sie versuchen, zu überzeugen.

WELCHE KÖRPERHALTUNG IST BEIM ARGUMENTIEREN AM BESTEN?

- Wenn Sie stehen, sollten Sie in Bewegung bleiben. Lassen Sie beispielsweise Ihre Hände für Sie sprechen, wenn Sie nicht wissen, wohin mit ihnen. Sie werden sich von alleine an Ihren Ton und Ihr Redetempo anpassen.
- Wenn Sie vor Publikum sprechen, sollten Sie Ihren Blick durch den gesamten Raum

schweifen lassen und dabei willkürlich einige Personen ansehen. Alle werden so den Eindruck haben, dass Sie sich direkt an sie wenden. Man ist meist schneller überzeugt, wenn man den Eindruck hat, dass sich die Botschaft direkt an einen persönlich richtet.

• Wenn Sie sitzen, sollten Sie sich aufrecht halten und dynamisch bleiben. Setzen Sie sich nicht zu weit nach hinten auf Ihren Stuhl oder in Ihren Sessel, um nicht in die Versuchung zu gelangen, sich ganz zurücksinken zu lassen und damit an Dynamik und Überzeugungskraft zu verlieren.

WAS IST DIE BESTE METHODE, UM JEMANDEN ZU ÜBERZEUGEN?

Die Antwort auf diese Frage ist ganz eindeutig Zuhören. Wenn Sie aktiv, aufmerksam und empathisch zuhören, erfahren Sie alles, was Sie brauchen, um Ihre eigene Argumentation verteidigen zu können. Ihrem Gesprächspartner aufmerksam und wohlwollend zuzuhören gibt ihm eine gewisse Bedeutung – was umso legitimer ist, weil Sie versuchen, ihn zu überzeugen. Den Eindruck zu haben, dass einem zugehört wird, ist gleichbedeutend mit dem Eindruck, wertgeschätzt zu werden. Und diese Wertschätzung ist ein menschliches Grundbedürfnis. Wenn Sie also Ihrem Gesprächspartner Wertschätzung entgegenbringen, kommen Sie einem seiner Bedürfnisse nach, sodass er gegenüber Ihren Argumenten aufgeschlossener sein wird.

WIE VIEL ZEIT BRAUCHE ICH, UM MIR MEHR ÜBERZEUGUNGSKRAFT ANZUEIGNEN?

Mit diesem Ratgeber verfügen Sie über alle Techniken, die für eine überzeugende Argumentation nötig sind. Ähnlich wie bei der Zubereitung von Maultaschen oder einer Schwarzwälder Kirschtorte, die Sie auch nicht allein durch das Lesen des Rezepts lernen, muss jedoch die Theorie in die Praxis umgesetzt werden, damit Sie sich verbessern. Um bei unserem Beispiel zu bleiben, können Sie die Mengen der einen oder anderen Zutat anpassen oder Ihr Rezept abwandeln, je nachdem, welche Gäste Sie erwarten. Sie sollten bei der Zubereitung ebenso wie beim Garen bzw. Backen besonders aufmerksam sein. So werden Sie bei jedem Mal ein bisschen besser.

Genauso ist es auch beim Überzeugen. Zu wissen, wie man eine gute Argumentation aufbaut ist eine Sache, sich dieses Werkzeugs auch erfolgreich zu bedienen jedoch eine andere. Vielmehr benötigt es Zeit und Übung, jemanden von seiner Meinung zu überzeugen.

WAS SOLLTE ICH VERMEIDEN, WENN ICH JEMANDEN ÜBERZEUGEN WILL?

Wenn Sie so vorgehen, ist Ihnen der Misserfolg sicher: Nehmen Sie sich die hier gegebenen Ratschläge vor und machen Sie genau das Gegenteil. Wählen Sie den ungeeignetsten Moment, um mit Ihrem Gesprächspartner in Kontakt zu treten (wenn er in Eile ist, wenn er aus einem anstrengenden Meeting kommt, zwischen Tür und Angel oder während der Mittagspause). Überspringen Sie die Vorbereitung und pro-bieren Sie sofort zu überzeugen, ohne Ihrem Gesprächspartner zu Wort kommen zu lassen. Ergreifen Sie das Wort und geben Sie es bis zum Schluss nicht ab. Wenn Ihr Gesprächspartner doch einmal versucht, etwas zu sagen, unter-brechen Sie ihn sofort. Falls es ihm dennoch ge-lingen sollte, ein Gegenargument vorzubringen, erklären Sie ihm, dass er nichts verstanden hat und Sie nun einmal Recht haben. Beharren Sie auf Ihrem Standpunkt und rücken Sie keinen Millimeter von ihm ab. Sollte er die Dreistigkeit besitzen, nicht nachzugeben, können Sie ruhig zeigen, wer der Chef ist, und laut werden.

SOLLTE ICH AUFGEBEN, WENN ICH MEINEN GESPRÄCHSPARTNER NICHT ÜBERZEUGEN KONNTE?

Bevor er die Glühlampe erfand, sagte Thomas Edison (amerikanischer Erfinder und Wissenschaftler, 1847-1931): „Ich habe nicht versagt. Ich habe nur 10.000 Wege gefunden, die nicht funktionieren." Scheitern bezeichnet dabei nur einen Blickwinkel auf eine Situation. Wenn Sie Ihren Gesprächspartner nicht überzeugen konnten, stellen sich Ihnen vier Reaktionsmöglichkeiten:

• Sie machen sich Selbstvorwürfe und sagen sich, dass Sie schlecht waren und Ihr Gesprächspartner sowieso stärker war als Sie. Außerdem haben Sie sich das ganze Gespräch lang ihm gegenüber unterlegen gefühlt.

- Sie stellen alles in Frage: Ihre Argumente, Ihre Haltung, Ihre Ausstrahlung, Ihre Fähigkeiten etc. Gleichzeitig machen Sie Ihren Gesprächspartner nieder, indem Sie ihm diverse negative Eigenschaften nachsagen.
- Sie verstehen nicht, wie Ihr verachtenswerter Gesprächspartner Ihrer Überzeugungskraft widerstehen konnte, obwohl Sie doch Meister der Überzeugung sind.
- Sie sehen das Gespräch als eine bereichernde Erfahrung an und nutzen die Gegenargumente Ihres Gesprächspartners, um Ihre Argumentation zu verbessern. Denn eins ist sicher: Nach diesem Fehltritt sind Sie hochmotiviert, einen zweiten Versuch zu wagen, ihn zu überzeugen. Sie sind ihm sogar ein wenig dankbar dafür, dass er Ihnen ermöglicht hat, sich zu verbessern.

WELCHE ARTEN VON ARGUMENT KANN ICH VERWENDEN?

Es gibt zahlreiche Arten von Argumenten. Die folgende Liste ist daher nicht vollständig:

- **Autoritätsargumente** beziehen sich auf Experten, bekannte Persönlichkeiten oder Instanzen, die vom Gesprächspartner als Autorität anerkannt werden. Indem man sie zitiert, verleiht man seinen Worten einen Wert.
- **Analogisierende Argumente** bestehen im Vergleich zweier Situationen, um darauf seinen Diskurs aufzubauen.
- **Faktenargumente** geben die Realität wieder, indem bestimmte Aspekte hervorgehoben werden, um die eigene Sichtweise zu unterstützen.
- **Normative Argumente** stützen sich auf geteilte Werte oder von der Mehrheit anerkannte Meinungen. Eine Person, die sich keine eigene Meinung bilden kann, neigt meist dazu, die öffentliche Meinung anzunehmen.

JETZT SIND SIE GEFRAGT!

STRUKTURIEREN SIE IHRE ARGUMENTATION

Die folgenden Fragen dienen Ihnen als Hilfestellung für die Vorbereitung Ihrer Argumente:

Methode zur Strukturierung Ihrer Argumentation

	Ihre Antwort **Logos**: Zahlen, Fakten, konkrete Tatsachen **Pathos**: Empfindungen, Gefühle, Beziehungen
Welches Bedürfnis hat die Person bzw. die Gruppe, die Sie versuchen zu überzeugen?	
Inwiefern bezieht sich Ihre Argumentation auf dieses Bedürfnis?	
Welche Vorteile bringt es den beteiligten Personen, wenn sie von Ihnen überzeugt werden?	
Von welchen guten Eigenschaften und Stärken machen Sie Gebrauch, um Ihr gewünschtes Ergebnis zu erreichen?	

Legen Sie anschließend die Hauptargumente fest und erkennen Sie mögliche Einwände.

Liste der Argumente und Einwände

Ihre Hauptargumente	• • • • • •
Mögliche Gegenargumente	• • • • • •
Ihre Antworten auf die Gegenargumente	• • • • • •

LERNEN SIE SICH ANZUPASSEN

Beobachten Sie die Leute um Sie herum, wenn Sie auf der Straße sind oder in einem Café sitzen. Achten Sie auf ihr Verhalten, ihre Haltung, ihre Mimik, den Ton und die Geschwindigkeit, in denen sie sprechen. In der Regel werden Sie feststellen, dass zwischen den verschiedenen Personen eine gewisse Harmonie, eine Art unbewusster Spiegeleffekt, besteht.

Jetzt sind Sie gefragt: Nehmen Sie, wenn Sie das nächste Mal in Gesellschaft eines Bekannten oder Freundes sind, dessen Verhalten, Stimmlage etc. an. Ändern Sie nach einigen Minuten bewusst ein wenig Ihre Haltung oder Ihr Verhalten. Sie werden sehen, dass Ihr Gesprächspartner Ihnen ganz natürlich folgen wird und sein Verhalten mit Ihrem synchronisiert.

HÖREN SIE AKTIV ZU

Stellen Sie Ihrem Gesprächspartner ausschließlich offene Fragen und konzentrieren Sie sich auf seine Antworten. Vermutlich möchten Sie gerne kommentieren, was er sagt, etwas erzählen, was Sie betrifft, kurz gesagt, von sich sprechen – doch geben Sie der Versuchung nicht nach! Nehmen Sie sein Gesagtes auf, wenn er ausgesprochen hat, indem Sie dazu eine neue offene Frage stellen. Machen Sie damit solange weiter, bis Ihr Gesprächspartner Ihnen eine Frage stellt. Sie haben die Aufgabe dann erfolgreich bestanden.

Lassen Sie sich von der folgenden Tabelle beim Formulieren Ihrer Fragen inspirieren:

Die verschiedenen Fragetypen

Offene Fragen ermöglichen dem Gesprächspartner sich frei zu äußern.	• Wie geht es dir? • Was ist deine Meinung zu diesem Thema? • Was ist passiert? • Echt? Erzähl mir mehr!
Auf geschlossene Fragen folgen kurze Antworten.	• Geht es dir gut? • Hast du eine Meinung dazu? • Stimmst du mit dieser Meinung überein? • Denkst du, dass...?

Ihre Meinung ist uns wichtig!
Hinterlassen Sie doch einen Kommentar auf der
Seite unserer Online-Buchhandlung
und teilen Sie Ihre Favoriten in den sozialen
Netzwerken!

DARÜBER HINAUS

LITERATURVERZEICHNIS

- Aubenque, Pierre: *Der Begriff der Klugheit bei Aristoteles*. Aus dem Französischen von Nicolai Sinai und Ulrich Johannes Schneider. Felix Meiner Verlag: Hamburg 2007.

- Dilts, Robert: Coaching-Seminar des amerikanischen Experten im Bereich des Neuro-Linguistischen Programmierens.

- Luminet, Olivier: *Psychologie des émotions*. De Boeck: Louvain-la-Neuve 2013.

- Rogers, Carl: *Entwicklung der Persönlichkeit. Psychotherapie aus der Sicht eines Therapeuten*. Aus dem Englischen von Jacqueline Giere. Klett-Cotta: Stuttgart 2000.

- *Textuniversum*: „Zitate: Rhetorik". http://www.textuniversum.de/index.php5?topic=zitate&zid=21 (27.02.2019).

WEITERFÜHRENDE LITERATUR

- Cialdini, Robert B.: *Die Psychologie des Überzeugens. Wie Sie sich selbst und Ihren Mitmenschen auf die Schliche kommen*. Aus dem

Englischen von Matthias Wengenroth. Hogrefe:
Bern 2017.

- Kahnweiler, Jennifer B.: *Die Stärken der Stillen.
  Selbstvertrauen und Überzeugungskraft für
  introvertierte Menschen.* Aus dem Englischen von
  Karsten Petersen. Junfermann Verlag: Paderborn
  2015.

- Nasher, Jack: *Überzeugt! Wie Sie Kompetenz
  zeigen und Menschen für sich gewinnen.* Campus:
  Frankfurt 2017.

MEHR AUF 50MINUTEN.DE

- Charlier, Maïlys: *Emotionale Intelligenz fördern.
  Methoden, mit denen Sie Ihren EQ boosten.* Aus
  dem Französischen von Leonie Kremer. Plurilingua
  Publishing: Brüssel 2019.

- Gangemi, Rosanna: *Die Macht der Körpersprache.
  Tipps für die effiziente Nutzung und Analyse von
  Körpersprache.* Aus dem Französischen von Leonie
  Kremer. Plurilingua Publishing: Brüssel 2019.

Die präsentierten Inhalte werden vom Herausgeber überprüft, dennoch übernimmt dieser keine Haftung für die inhaltliche Richtigkeit, Vollständigkeit und Aktualität der vorgestellten Inhalte.

© 50Minuten.de, 2019. Alle Rechte vorbehalten.

www.50Minuten.de

ISBN digitale Ausgabe: 9782808018241

ISBN gedruckte Ausgabe: 9782808018258

Pflichtexemplar: D/2019/12603/79

Cover: © Plurilingua

Digitale Aufbereitung: Primento, der digitale Partner der Herausgeber